UNE RÉVOLUTION

est-elle encore possible?

PRIX **75** CENTIMES.

PARIS, IMPRIMERIE DE POUSSIELGUE RUSAND,
rue de Sèvres, n. 2

UNE

RÉVOLUTION

EST-ELLE ENCORE POSSIBLE ?

Par J. B. Férat,

ancien secrétaire de feu M. le Comte Ferrand, ministre d'état,
et de l'Académie française.

« Marchons, marchons, comme dit Bossuet,
« suivons notre destinée : le terme fatal sera la
« mort. » (*Page 30 de l'ouvrage.*)

A PARIS,

A LA LIBRAIRIE ECCLÉSIASTIQUE DE RUSAND,

rue du Pot-de-Fer Saint-Sulpice, n. 8.

A LYON,

CHEZ RUSAND, LIBRAIRE, IMPRIMEUR DU ROI,

rue Mercière, n. 16.

1829.

UN MOT SUR CETTE BROCHURE.

Cet écrit déplaira également au pouvoir et au peuple, car on y blâme les grands d'avoir par leur aveuglement ou leur imprévoyance compromis les libertés et la félicité communes, et on y reproche aux petits d'avoir tari la source des vertus qui assuraient leur bien-être. Ne nous étonnons donc point de cette double défaveur que déjà nous pressentons : car dans ce siècle de diplomatie et de ménagemens l'écrivain qui aime la vérité et qui ose la dire à tous n'a ni justice ni indulgence à espérer, et ne doit compter que sur sa conscience.

P. S. Pendant qu'on imprime ces pages, le bruit se répand qu'une administration qu'on suppose peu ménagère des prérogatives du trôné va remplacer le ministère Polignac : si cet événement s'accomplit , donnerons - nous le lâche exemple d'approprier notre langage aux temps et aux circonstances? Non vraiment, nous laisserons cette brochure telle quelle, et nous dirons aux ministres nouveaux, comme nous le disions aux anciens, qu'ils se perdront et nous perdront avec eux s'ils restent au-dessous des graves circonstances qui nous pressent. Au surplus nous n'écrivons pas pour telle ou telle couleur; nous nous adressons à tous. Remplissons donc notre mission ; essayons de frapper juste, et inquiétons-nous peu des hommes.

UNE RÉVOLUTION

est-elle encore possible?

—————

« Le monde, tourmenté d'une sourde inquié-
« tude, est agité par un esprit général de révolu-
« tion ; les monarchies européennes chancellent
« sur leurs bases antiques et menacent de crou-
« ler sous les coups qu'on leur porte incessam-
« ment ; l'Eglise catholique, attaquée dans ses
« dogmes, sa discipline et sa constitution avec une
« violence sans exemple, doit redouter prochai-
« nement des épreuves telles qu'elle n'en a point
« subies encore (1). »

Quel est l'homme qui a prononcé ces paroles
remarquables, et qui retentissent encore dans
tous les cœurs ? est-ce un grand de la terre ?
est-il couvert de la pourpre et revêtu des di-
gnités du sacerdoce pour s'exprimer avec cette
autorité ? Non ; cet homme n'est qu'un humble
prêtre retiré dans un hameau au fond de la
Bretagne, et qui, sans appui, sans secours que
ceux qu'il emprunte à son éloquence et à une
profonde conviction, fait entendre depuis quatorze ans aux peuples et aux rois les accens

—————

(1) Première Lettre à Mgr l'archevêque de Paris, page 8, faisant
suite à l'ouvrage des *Progrès de la Révolution.*

de la vérité et l'austère langage de la vertu. Cet homme enfin est M. de La Mennais!

Ce génie supérieur, qui depuis la restauration étonne le monde pensant par sa logique, son élocution et son beau caractère, s'est encore surpassé dans son dernier ouvrage sur les *Progrès de la révolution*. Jusque là il avait démontré *avec une effrayante profondeur* la cause du mal général et celle du mal particulier; mais cependant on pouvait le soupçonner de nourrir dans son cœur le germe d'une misanthropie amère et d'une injuste prévention contre les sentimens mal dirigés mais légitimes de la génération actuelle. Depuis sa dernière publication nul reproche semblable ne peut plus lui être adressé, et après l'avoir lu on doit être persuadé qu'il déteste l'oppression, qu'il veut la liberté, et qu'il croit à une régénération qui la fera triompher.

La lecture de l'ouvrage de M. de la Mennais sur les progrès de la révolution produisit quand il parut une vive sensation; il réveilla beaucoup d'esprits engourdis, et il ramena aux vrais principes de l'émancipation humaine quelques libéraux de bonne foi prévenus contre le célèbre auteur de *l'Indifférence*. Chacun d'après ses opinions ou ses intérêts commenta l'alarmante prévision du philosophe religieux. Les bonnes gens ne crurent pas à la révolution parce que le bonnet rouge n'était pas encore au bout des piques, et qu'on découvrait toujours Henri IV sur la pointe de la Cité ; les ennemis de l'ordre feignirent de n'y pas croire ; les hommes en place grimacèrent et cherchèrent à gagner un jour ; enfin les solliciteurs heureux s'écrièrent que nous étions dans le meilleur des mondes possibles, et que l'auteur n'avait pas le sens commun.

Depuis lors les événemens se sont précipités, et ils sont devenus vraiment si sérieux qu'il faut que l'aveuglement humain soit bien profond pour laisser indécise une question qui ne devrait plus en être une pour les esprits quelque peu prévoyans et qui ne sont pas obscurcis par un vil intérêt. Cependant beaucoup de gens conservent encore au milieu des circonstances qui nous pressent une sécurité qui afflige et qui étonne ; vivre ainsi n'est-ce pas s'endormir sur des abymes ?

Non, la France n'est pas sauvée parce que le canon du 10 août ne menace pas la demeure de nos rois ; l'ordre social n'est pas à l'abri des coups des agitateurs parce que le faubourg Saint-Antoine n'est pas *descendu*, et la religion n'est pas libre de toute crainte des profanations et des profanateurs parce que nos saints mystères ne sont pas encore célébrés dans d'obscures catacombes !

Pauvres gens que nous sommes et qui nous abusons si étrangement, comment vivons-nous au milieu de tout ce monde qui s'agite tant pour si peu, sans nous apercevoir que l'oubli des maximes conservatrices des sociétés mène droit au désordre public? Comment ne pas voir que les citoyens, atteints d'un froid égoisme ou pervertis par des principes pernicieux, n'attendent qu'un moment favorable pour secouer le joug qui contrarie leur ardente ambition et leur insatiable cupidité? Quand le pouvoir abandonne les vraies maximes de gouvernement pour favoriser les principes odieux du despotisme, ou bien ceux d'un immoral ministérialisme, l'ordre social peut-il long-temps résister aux attaques journalières des ennemis de l'ordre et des vrais partisans de la liberté? Songeons un peu à la force des assaillans et à la faiblesse des assaillis, et osons si nous pouvons nous réfugier dans notre indifférence!

Mais quels sont ces principes dont aujourd'hui nous déplorons l'oubli, qui favorisaient le repos des rois, faisaient le bonheur public et servaient à la fois le pouvoir et la liberté?

Ces principes, qui durant tant de siècles soutinrent les sociétés politiques, dérivent eux-mêmes d'une première cause, d'où sont sorties toute morale et toute loi sociale. Cette cause première est Dieu, qui s'est révélé aux hommes par l'entremise de Moïse et de Jésus-Christ, et qui nous a fait connaître nos devoirs moraux et nos obligations politiques, tous renfermés dans le Décalogue et dans l'Evangile. Cette doctrine, qui fait descendre la loi du ciel, a soustrait l'homme pendant une longue suite de temps à la volonté mobile et tyrannique de son semblable, et a dû beaucoup adoucir ce qu'il y a toujours d'amer dans une soumission même légitime. Dans cet ordre d'idées, le pouvoir spirituel, qui représente la *raison*, dirigeait et censurait le gouvernement temporel, qui représente la matière ; alors l'autorité, plus à l'abri des envahissemens puisque sa source était céleste, garantissait mieux à l'humanité son bonheur et ses libertés. L'intérêt et la conscience criaient aux rois d'ouvrir l'Evangile, et ils y lisaient que les hommes ne sont pas sur cette terre pour y souffrir un cruel esclavage, et qu'ils ont des droits qu'on ne peut violer sans offenser la bonté divine.

Le mépris de ces vérités dérangea l'ordre établi par la souveraine puissance et ébranla la société tout entière. Alors d'orgueilleux sophistes crièrent aux peuples si souvent mécontens d'un bonheur réel : « La divinité ne se « mêle pas des intérêts de ce monde ; séparez « votre cause de la sienne ; votre gouvernement, « vos lois, vos institutions doivent être votre ou-

« vrage et toujours résulter de votre équité na-
« turelle ; n'avez-vous pas une intelligence ca-
« pable de discerner le bien du mal, et assez
« de génie et d'autorité pour découvrir la vraie
« politique et pour la faire observer? Débarrassez-
« vous donc des absurdes préjugés de vos an-
« cêtres. Ne consultez que votre raison et croyez
« toujours à son infaillibilité; vous verrez bien-
« tôt que le bonheur et la liberté qui viendront
« de vous seront bien préférables au bonheur
« et à la liberté qui viennent du ciel. » Ces discours furent entendus, et l'homme prit bientôt
la place de Dieu.

Qu'avons-nous vu depuis? Des théories im-
possibles, ridicules ou atroces, qui amenèrent
une révolution enfantée par l'orgueil. La souveraineté fut déplacée, divisée et reléguée jusque sous l'humble échoppe. On parla beaucoup d'*équilibre*, de *pondération* de pouvoirs,
d'*autorités rivales*, et on ne trouva au fond de
tout cela que niaiseries, déception, vide et anarchie; la matière voulut gouverner l'intelligence,
et le plus insupportable despotisme sortit de ce
chaos.

Si nous écoutions certains hommes, qui mé-
connaissent ces principes, nous nous alarmerions
à tort, et nous prendrions pour des réalités les
rêves de notre imagination. Qui se refuse, disent-
ils, à exécuter les quarante mille lois, décrets et

ordonnances promulgués sous la convention, le consulat, l'empire et les Bourbons ? Nos provinces sont-elles en proie aux horreurs de la guerre civile ? les tribunaux ont-ils à reprimer des actes de rebellion ou à juger des conspirateurs ? où sont enfin ces signes de l'effervescence publique qui précèdent toujours les tourmentes révolutionnaires ?

Ces questions pourraient embarrasser si les révolutions politiques comme celles de la nature s'opéraient d'une manière constamment uniforme, et s'il y avait un type unique à l'usage des artisans de trouble; mais cette uniformité est chimérique, et les crises du corps social peuvent se manifester de cent manières diverses. Toutes les révolutions ne commencent pas avec du sang, comme toutes les maladies ne se déclarent pas d'une manière violente; souvent le pauvre malade est conduit à sa fin par des degrés insensibles, et le calme profond où il est fait à tous une telle illusion qu'on se réjouit de sa santé au moment où son dernier souffle s'échappe de ses lèvres.

L'erreur pour nous est de tout rapporter à l'année 1789, et cependant cette époque n'a pas plus d'analogie avec 1814 que celle-ci n'en peut avoir avec 1829. Hommes, choses, habitudes, lois, tout est changé hors les passions humaines, qui toujours prennent leur essor sous des formes diverses, suivant les temps, les lieux et les circonstances.

La révolution de 1789 se fit sous l'influence des doctrines de Rousseau, de Condorcet, de Mably, de Raynal, de Diderot, qui exaltèrent le républicanisme, préconisèrent l'égalité et encouragèrent l'insurrection. Ces philosophes firent prévaloir dans le cœur du peuple l'amour d'une indépendance outrée, qui toujours conduit à la révolte. Ces principes enflammèrent la jeunesse, armèrent les pauvres contre les riches, firent réclamer des droits souvent justes, mais aussi quelquefois chimériques, et déterminèrent enfin une catastrophe qui épouvanta le monde. Tout cela était dans la nature des choses : les théories étaient violentes, les actions le devinrent bientôt.

La ressemblance entre cette époque et la nôtre n'est nullement exacte : les théories commerciales, industrielles et de *l'intérêt bien entendu*, prévalent dans la société actuelle. Ces filles bâtardes de la doctrine de la souveraineté du peuple portent également les citoyens à secouer le joug des principes conservateurs des états; mais elles procèdent avec bien moins de violence que celles-ci; l'industrialisme ne veut pas régir lui-même, mais il force le souverain à gouverner dans un intérêt qu'il lui dicte; il prépare la chute de l'administration par son système des gouvernemens *à bon marché*; il ne tue pas les rois, mais il garde ses écus et affaiblit tellement l'autorité souveraine qu'il la livre sans défense aux premières surprises de l'usurpation ou de la démagogie; enfin cette théorie ne favorise pas comme le républicanisme le partage égal des terres, mais elle y conduit peu à peu les malheureux propriétaires, accablés par l'avarice de l'aristocratie de comptoir. Tel est l'état des choses en France : ouvrons les yeux, regardons autour de nous, et voyons toute cette population qui s'agite et qui chaque jour s'accroît d'une manière effrayante; tout ce peuple sans doute ne se livre encore ni à l'incendie ni au pillage; il ne brûle ni les châteaux ni ne démolit les presbytères; mais ses discours, les opinions qu'il emprunte à des ouvrages pernicieux corrompent journellement son esprit et son cœur, donnent un cours irrégulier à ses vœux de liberté les plus légitimes, et font naître les plus vives inquiétudes.

Que deviendrons-nous si à la licence des idées et aux traditions de plus de quarante ans de désordres vient encore se joindre ce désir du changement si naturel aux Français? Alors nous verrons bientôt des ambitieux mettre à profit pour eux-mêmes ces élémens de trouble qui se combinent en silence, et préparer les voies à des anarchistes sanguinaires qui feront encore dans un temps plus reculé l'épouvantable application du système de la souveraineté du peuple.

C'est donc fort mal raisonner que de s'extasier sur la tranquillité prétendue dont nous jouissons; parce qu'en ce moment on ne met au peuple ni le fer ni la torche à la main en doit-on conclure qu'il soit à l'abri des caresses et des séductions d'ambitieux tribuns, et qu'il trouvera toujours en lui-même assez de force pour résister à de coupables manœuvres ? N'est-ce pas manquer de prévoyance que de rester ainsi dans cette apathie? Le calme ne précède-t-il pas l'orage, et le lion qui sommeille ne peut-il s'éveiller? Les associations électorales, celles contre l'acquittement de l'impôt, l'apothéose de *Lafayette*, les événemens de Bordeaux, la reproduction des images de Napoléon et de celles de son fils, et cet empressement du peuple et de la petite bourgeoisie à en tapisser ses demeures en disent bien plus que tous les raisonnemens.... Entrez dans les cafés, dans les cabinets de lecture, dans les salons, dans les ateliers, et là vous y apprendrez si la soumission apparente ne ressemble pas un peu à une résistance passive, et vous saurez nous dire si cette tranquillité calculée d'un peuple entier n'est pas plus à craindre qu'une insurrection réelle !

Il est aussi vraiment absurde de croire qu'une révolution ne pourrait s'opérer en France sans commencer par ensanglanter le sol. Le seul développement de nos institutions si démocratiques, ne suffit-il pas pour changer notre état de chose sans secousses et sans dresser d'échafaud ? La charte n'offre-t-elle pas tous les élémens nécessaires pour fonder un gouvernement *économique,* créer une aristocratie manufacturière, et instituer d'abord une église nationale, pour mieux préparer ensuite les voies au protestantisme ?

Sans doute des événemens inattendus peuvent retarder une explosion qui mettrait en péril tant d'intérêts moraux et matériels, et qui causerait tant d'affreux déchiremens ; mais pour peu qu'on ait de portée dans l'esprit il est imposible de partager une sécurité que rien ne justifie. Si notre gouvernement restauré datait de cinquante ans ; si les principes démocratiques n'en formaient pas la base ; si l'esprit public avait une sage direction ; si cet antique respect que nous avions pour la majesté royale nous pénétrait toujours et suppléait en quelque sorte à la faiblesse de notre droit politique, nous pourrions alors nous confier au temps ;

mais quand chaque jour nous voyons l'édifice s'ébranler faut-il encore que nous attendions sa chute, et nous laisserons-nous couvrir de ses débris? N'imitons pas ces hommes qui jamais n'ont rien su prévoir ni rien su calculer, et qui croient bonnement au salut de la monarchie quand ils ont encore quinze jours ou trois semaines pour se reconnaître.

Hommes du pouvoir, vous avez de bonnes intentions, mais vous marchez depuis quatorze ans entre deux écueils, et vous vous briserez infailliblement : car vous n'avez pas su profiter du vent favorable qui nous eût conduits au port! D'un côté, se trouve le libéralisme, qui réclame des droits légitimes, mais qui veut les faire triompher par l'anarchie. Ce parti vous reproche depuis la restauration d'avoir cherché à interpréter à votre avantage les termes de cette constitution, qu'alors on nous accorda d'enthousiasme. Il faut être juste et convenir que cette accusation de mauvaise foi n'est peut-être pas sans quelque fondement. Ayant promis plus que vous ne pouviez tenir, l'intérêt de votre conservation vous forçait à retirer d'une main ce que vous accordiez de l'autre. Cette conduite déloyale a fait, pour le moment, passer du côté de vos ennemis une puissante force morale qui nuit à votre considération. De l'autre bord vous avez à vous défendre contre les plus vigoureux adversaires de la tyrannie, contre des hommes qui ont su braver l'échafaud pour mettre leurs consciences à l'abri de toute atteinte. Ces hommes ont en horreur les maximes du *bon plaisir* et le système de gouverner introduit par Louis XIV, qui substitua audacieusement à l'ancienne constitution du royaume le plus insuportable despotisme, et dont les traditions se sont perpétuées jusqu'à nous. Revenir en matière d'état aux maximes qui firent pendant tant de siècles le bonheur de la France, faire fleurir la religion, reconnaître l'autorité de l'église et celle du saint-siége, respecter les libertés et les droits des hommes; tels sont les vœux de ce parti et les motifs qui le forcent à vous combattre.

En vérité, serions-nous aujourd'hui dans cette fausse position et réduits à jouer pour ainsi dire le *va tout* de la monarchie, si lorsque la restauration vint nous offrir de nouvelles espérances de bonheur, de véritables hommes d'état avaient su profiter des plus favorables circonstances pour nous *constituer* réellement; la sagesse des journaux, le calme de l'esprit public, les habitudes paisibles des citoyens et une sorte de respect pour la religion et ses ministres, qu'une administration forte avait su faire naître, semblaient favoriser alors le triomphe des vrais principes. Tout en ce moment étant neuf et pur, tout semblait aussi devenir plus facile. Le rétablissement des anciennes lois du royaume eût paru naturel ; et le pouvoir, libre d'engagemens, n'eût pas compromis sa parole, qui ne peut cesser d'être sacrée sans causer les plus grands malheurs.

Si pour jeter un voile sur l'avenir et pour tranquilliser les bonnes âmes on venait nous faire l'apologie des mœurs actuelles et nous assurer qu'elles nous mettent à l'abri de toute entreprise qui troublerait l'ordre public, nous répondrions que loin de nous rassurer nos habitudes morales provoquent toutes nos alarmes et nous font craindre que leur maligne influence n'inocule dans le cœur de la génération future des germes pestilentiels. Long-temps j'ai cru au sentiment de Condorcet sur la perfectibilité humaine, long-temps j'ai pensé, j'ai même écrit (1) qu'il ne fallait d'autre livre de morale à un peuple, qu'un bon *code civil*, et que les systèmes philosophiques nous avaient rendus meilleurs. J'ai de-

____

(1) J'ai payé comme les jeunes gens du jour mon tribut au ridicule travers de ce siècle en tranchant du publiciste avant que l'expérience ait pu m'aider de ses utiles conseils : *errare humanum est*, c'est la loi commune. Cependant si j'ai changé d'opinion sur certains points, mes sentimens sont restés les mêmes à l'égard des libertés publiques. Je déteste toujours comme autrefois le despotisme, mais je crois maintenant qu'il y a un meilleur frein pour le réprimer que celui de la fragile raison de l'homme. Au surplus, ceci ne s'adresse qu'à mes amis, car le public a le bon sens de ne pas se ressouvenir des folles utopies des politiques de colléges.

puis examiné avec une plus sérieuse attention l'état de nos mœurs et celui de notre administration, et j'ai cru apercevoir qu'il fallait donner à la morale de plus solides fondemens que ceux de la doctrine de l'*utile* et des opinions variables de l'*individualisme*.

Si les bonnes mœurs sont le plus ferme soutien des empires et font leur gloire et leur prospérité, les mœurs relâchées au contraire les font bientôt dépérir. Les habitudes morales qui n'ont pas leurs racines dans des croyances religieuses communes n'ont aucune consistance, et l'effet salutaire qu'on pourrait en attendre devient presque nul. La morale, qui prend sa source dans la religion et qui descend du ciel, paraît à la masse des hommes bien plus obligatoire que les préceptes des écoles philosophiques les plus fameuses. L'humanité, qui est faible et que toujours la crainte domine, obéira préférablement à Dieu qu'à sa créature. En définitive ne pourrions-nous pas dire aux philosophes : Quels sont vos titres pour vouloir nous réformer ? d'où tenez-vous votre autorité pour nous imposer des privations et pour changer notre nature ? n'êtes-vous pas des hommes et comme nous sujets à faillir ? Admirateurs passionnés du siècle, on surprend quelquefois le secret de votre cœur, et quand il arrive que vous êtes froissés par l'injustice et par l'ingratitude des hommes, on vous entend alors regretter les effets salutaires de cette morale, qui resserre si étroitement les liens domestiques et ceux de l'amitié. Sans doute ces salutaires retours à de meilleurs sentimens ne sont que des boutades passagères, et bientôt vous reprenez votre allure habituelle; mais croyez bien que ces heureux mouvemens ne sont pas perdus : ne montrent-ils pas quel est l'empire qu'exerce toujours la vérité sur l'erreur!

En France, hélas! les mœurs ne s'appuient pas sur les vérités religieuses, qui donnent cependant à toutes les actions humaines cette fixité, cet aplomb, cette sagesse, qui font des citoyens des hommes vraiment subordonnés et cependant toujours maîtres de leurs consciences. Cette foi antique qui faisait le bonheur de nos aïeux perd chaque jour son salutaire empire et détruit peu à peu l'habitude de tous les genres de subordination. Quand l'orgueil nous éloigne de la Divinité et nous met en révolte contre son autorité, nous méprisons bientôt les chefs qui tiennent d'en haut leur pouvoir et qui la représentent sur la terre.

Cet esprit d'opposition mal entendu s'étend à toutes les espèces de supériorités sociales. Regardez autour de vous, interrogez vos pasteurs, et voyez si l'habit et les fonctions du sacerdoce ne sont pas l'objet d'indécentes moqueries!

Entrez dans les ateliers, et demandez aux chefs qui les dirigent si l'ouvrier remplit aujourd'hui ses devoirs avec la même soumission, la même exactitude et surtout le même contentement qu'autrefois ! Pénétrez jusqu'au foyer domestique, questionnez le chef de maison sur son épouse, ses enfans, ses domestiques, et il vous dira que les liens de l'obéissance se relâchent de plus en plus, surtout depuis qu'on n'observe qu'imparfaitement des préceptes qui conservaient si bien la hiérarchie de la famille et en maintenaient l'harmonie.

Si l'orgueil qui enfante l'irréligion a relâché les liens de l'obéissance et ne laisse plus au pouvoir d'autre moyen de gouvernement que la force un froid et cruel égoïsme fait aussi de notre temps d'affreux ravages; ce vice odieux dessèche le cœur, éteint le patriotisme, donne naissance à la misanthropie et tarit la source de vertus dont la pratique fait le bonheur de tous et assure le repos de l'état.

Jetons un coup d'œil sur la société où nous vivons; qu'y voyons-nous? La puissance de l'or qui fait et qui détrône les rois, qui prête des vertus à l'homme sans mœurs, de l'esprit à la nullité, du talent à qui peut payer des prôneurs. Chaque jour ce dangereux métal vaut davantage et accroît notre esclavage, parce que chaque jour aussi nos besoins augmentent par les rapides progrès d'une civilisation qui ne nous fournit pas aussi vite qu'elle les fait naître les moyens de les satisfaire.

Il y a de quoi gémir en voyant les affreux effets de quelques vices qui caractérisent notre temps. Comment ne pas déplorer les progrès de ce libertinage qui encombre nos hôpitaux de malheureuses victimes, vouées si injustement au mépris des hommes? Que dire de ces unions illégitimes, scandaleuses ou mal assorties qui déshonorent et qui abrutissent l'humanité? Déplorons cette avarice, cet égoïsme, cette humeur atrabilaire, qui réduit aujourd'hui à d'aussi minces proportions le nombre des mariages! De quel nom flétrir cette indélicatesse qui sait si bien se déguiser, et qui de plus en plus préside à nos affaires, à nos marchés, à toutes nos transactions; enfin quelles épouvantables catastrophes font naître cette fureur du jeu qu'allume une avide cupidité, et cette irréligion qui excite tant de citoyens, l'espoir du pays, à porter sur eux-mêmes une main sacrilége!

Pourtant il faut être juste, c'est le moyen d'éviter le reproche d'exagération. Sans doute dans ce siècle tout n'est pas à blâmer : il se caractérise par un penchant bien marqué vers tous les genres d'améliorations et par un vif amour du bien. La jeunesse aujourd'hui réfléchit de bonne heure, étudie sérieusement et se livre à de laborieuses recherches. Mais cette manie que nous avons de tout discuter, de tout systématiser, de tout réformer, nous éloigne du but et nous fait sacrifier les vérités pratiques à d'incertaines théories. Sans doute de nos jours nous recherchons avec un zèle infatigable tout ce qui peut adoucir les maux de l'humanité souffrante ; mais souvent nos efforts sont frappés d'impuissance, parce que nous voulons réduire la pitié en système, soumettre le cœur à la tête et trop calculer sur l'ostentation humaine.

Soyons de bonne foi et convenons que notre philanthropie, qui ne soulage que des maux partiels, est bien froide et bien stérile auprès de cette ardente charité qui animait Vincent de Paul, qui multipliait tant de fondations pieuses et qui nourrissait des populations entières.

Pourquoi avons-nous renoncé à ces plaisirs simples et faciles qui donnaient le bonheur à nos ancêtres, à cette tempérance, à cette absence de luxe, qui toujours leur permettaient de régler la dépense sur le revenu, qui leur laissait le loisir de vivre avec eux-mêmes, de s'occuper de leur intérieur et d'éviter ce tourbillon du monde où nous perdons tout à la fois le repos, la fortune et la santé.

Cette vie était heureuse, puisqu'elle était dégagée de tous soins superflus ; de plus elle donnait à la société beaucoup de garanties. Quand les hommes sont ambitieux ils craignent peu de compromettre l'ordre public : aussi l'avidité de ce siècle pour l'or et pour les places vient-elle encore confirmer nos tristes prévisions.

Où sont-elles ces vertus patriarcales qui assuraient si bien la félicité des siècles passés ? Comme nos pieux ancêtres place-t-on aujourd'hui son bonheur dans l'exercice de l'hospitalité ? Offrons-nous avec cette cordialité qui double le prix du bienfait l'asile que nous accordons avec tant de dureté au malheureux sans gite et sans pain, ou au voyageur qu'accablent la fatigue ou la maladie ? Fait-on ses délices de l'amitié et surtout vieillit-elle beaucoup ? La génération actuelle a-t-elle conservé quelque respect pour les cheveux blancs ? Les enfans lorsqu'ils sont élevés viennent-ils souvent dans la demeure paternelle y soulager leurs parens et consoler leur vieillesse ? Non, hélas ! l'amour filial surtout s'éteint parmi nous ; car ne voyons-nous pas chaque jour des frères avides accourir pour vendre à l'encan le toit qui les a vus naître, quand leur pauvre père est encore là qui gît sur son linceul !

Si cet aperçu de nos mœurs n'est pas dénué de vérité, alors ouvrons les yeux et convenons que l'état de notre moralité n'est pas plus rassurant que notre situation politique, et que tout doit nous faire pressentir des événemens qui depuis long-temps se préparent en silence et qui n'attendent pour se faire jour que des circonstances favorables.

Si alarmés sur l'avenir rembruni que nous déroulons aux yeux de nos lecteurs, on venait nous interroger sur les remèdes qu'il conviendrait d'indiquer pour prévenir les crises sociales que nous redoutons, nous répondrions qu'aborder ce point nous répugne un peu, car plus le mal est grand plus aussi les difficultés s'accroissent, et plus la tâche de l'écrivain est épineuse. D'ailleurs dans un temps où les donneurs d'avis, les hommes à projets, les jongleurs politiques et les auteurs à gages pullulent de toutes parts et défigurent la vérité, le publiciste qui se respecte appréhende les méprises du public et craint toujours d'être confondu avec ces hommes, vils instrumens des partis, qui font du bien général métier et marchandise. Distinguons-nous donc de cette tourbe par un langage indépendant et dégagé de toute subtilité; ce sera peut-être un moyen de nous faire reconnaître.

Nous dirons donc aux hommes que leur mission appelle au maniement des affaires : que les états se perdent par l'oubli des principes qui en sont la base, et qu'ils redeviennent florissans aussitôt qu'on les met en honneur; qu'il faut donc qu'ils les fassent triompher, mais sans restriction aucune, sans arrière-pensée; car il n'est pas de milieu entre l'erreur et la vérité. Nous leur dirons ensuite que les demi-mesures, les hésitations, les maladroites concessions perdent plus d'empires que les finasseries n'en sauvent ; enfin qu'il faut dans les circonstances périlleuses unir la justice à une inébranlable fermeté, parce que les peuples aiment toujours les gens de résolution et qu'ils méprisent les hommes qui ne savent pas vouloir.

Si ces hommes qui tiennent en leurs mains les destinées des peuples daignaient pour un moment descendre des sphères élevées où leur rang les fixe, et nous demandaient sur leurs intérêts quelque chose de moins général que ceci, nous oserions leur dire : Faites fleurir la religion, et placez le nom de Dieu à la tête de nos codes ; car toutes les lois doivent émaner de ses commandemens ; proclamez l'indépendance du clergé et mettez-le à la tête des ordres de l'état, si vous voulez qu'il soit vraiment respecté et qu'il jouisse d'une considération qui ne soit pas seulement nominale ; détruisez le monopole universitaire et accordez la liberté d'enseignement, si vous voulez réellement que toutes les vérités se fassent jour ; faites des lois plus rigoureuses sur les satires, les écrits diffamatoires ou provocateurs ; mais respectez surtout la liberté de la presse, car cette liberté fera un jour fructifier la vérité, et dissipera de funestes erreurs.

Si au nom de la souveraineté ébranlée et de la religion en deuil, les ministres du pouvoir daignaient nous prêter quelque attention, ne pourrions-nous pas leur dire encore : Rendez à la royauté toute son indépendance et toute son autorité, sans lesquelles elle ne peut faire de grandes choses, ni même accomplir les petites. Triomphez de ces pouvoirs qui prétendent rivaliser avec la suprême puissance, et qui finiront tôt ou tard par l'anéantir. Au nom de votre salut, ne subissez plus les insolentes attaques, les révoltantes conditions d'une autorité sans légalité réelle, et qui réduirait bientôt le souverain à la condition d'un commis; faites enfin des lois sages, protectrices, *libérales*; respectez tous les intérêts moraux et matériels; veillez à la sûreté du peuple et à ce qu'il ait du travail, du pain et de l'instruction, que sa propriété soit respectée, qu'il ait droit à tous les emplois, honneurs et prérogatives; enfin, faites la loi pour lui; mais faites surtout qu'il n'y participe qu'indirectement : n'avilissons pas la majesté royale; le corps ne peut commander à l'intelligence.

Mais, hélas! nous crions dans le désert, et sans doute nos paroles seront sans fruit; car dans ce siècle, où le matérialisme politique s'est insinué jusqu'au sein des cours et y a tout corrompu, on s'est habitué à traiter la vérité en ennemie. Le pouvoir méprise la voix courageuse de l'écrivain, et malgré de salutaires avertissemens il s'endort d'un sommeil de paix quand tout menace et conspire autour de lui. Un esprit de vertige et d'erreur préside aux résolutions des cabinets, dominés depuis cinquante ans par la peur et par de puériles ou de sordides considérations. Qu'exigera‑t‑on alors des peuples, si les rois eux‑mêmes brisent leurs sceptres et partagent leurs couronnes ? quel espoir nous restera après tant de cris d'alarmes et de prédictions inutiles ? Eh bien ! si tout nous abandonne, *marchons, marchons,* comme dit Bossuet, suivons notre destinée, le terme fatal sera la mort !

Oui, tout nous dit qu'avant que nous nous précipitions dans cet abyme où viendront s'engloutir tant de brillantes illusions, tant d'espérances déçues, tant de plans de bonheur, il nous faudra encore parcourir une longue et pénible carrière d'incertitudes, de concessions et de lâches complaisances. Ce n'est point dans sa racine qu'on attaquera l'affreux mal qui nous dévore. On coupera seulement quelques branches parasites et on s'écriera : C'est assez ! Comme on n'a pas de foi en soi, on agira comme si on doutait de la justice de sa cause ; comme on aime à s'endormir sur l'édredon, on dira : Chaque jour amène son pain. Comme on a une vue

faible et troublée on grossira les forces et les
ressources de son ennemi au lieu de l'attaquer
avec courage, on finira par subir sa loi; car on
n'aura pas osé le regarder en face, ni mesurer
sa faiblesse.

Renonçons donc pour long-temps encore à
l'espérance de ce bonheur social, objet de tant
de recherches et de vaines méditations : il ne se
montrera parmi nous qu'au jour où la morale
de l'évangile sera pratiquée par tous. Ce jour
brillera quand les bouleversemens politiques
dont l'avenir est gros nous feront sentir l'ai-
guillon du malheur. Le sang qui coule dans les
révolutions est la piscine où le peuple vient se
régénérer. C'est un cruel mais salutaire enseignement : jusque là, enveloppons-nous dans
notre manteau et n'espérons des grands de la
terre ni paix, ni sagesse, ni saine politique, ni
respect pour les droits des hommes, ni véri-
table liberté; car tous ces biens ne se trouvent
que dans les docrines religieuses, et nous n'en
jouirons vraiment que quand les gouvernemens, ou plutôt la force des choses, les feront
triompher.